THIS COLORING BOOK
IS DEDICATED TO EVERYONE
WHO LOVES GOD
LOVES AMERICA
AND LOVES PRESIDENT TRUMP

GOD BLESS

ILLUSTRATED BY K. SCHROEDER   COPYRIGHT 2020

THIS PAGE INTENIONALLY LEFT BLANK

BOOM!
GOD WE TRUST
WORLD CHAMPION
TROLL LORD
G·O·A·T·
USA
MAGA

THIS PAGE INTENIONALLY LEFT BLANK

Trump is
taking a
casual day.
Design an
epic t-shirt
for him.

the
Lord
is on
my side

Trump just hired you.

What is your awesome job title?

What's your job description?

For God and Country

THIS PAGE INTENIONALLY LEFT BLANK

ONE
NATION
UNDER
GOD
HOLY
BIBLE

"These NEW masks will keep you EXTRA," SAFE!

H G T N E R T S N X V E F E E T P S A N
G L O R Y B D E V I L R H F T P A P Q O
T T E E R R H G R D E I Q E A V T S A I
M Y J K A U O J I E S A E F T U R I L T
Y G R Z K T G X D B N H M V S W I C V U
B P I A N L B O O M H V O O P Q O J D T
F L M O N D M P L W R K U C E K T L Y I
X D N U Q N Z M C I W Z B X E A U D I T
D A D E R X Y A X N V D B U D X H Q O S
Q E P C N T P W P N A C I R E M A P P N
R Y V W C O N S P I R A C Y E D D A R O
R E R O R E P M E N I D X F D M C D E C
V E H O L O H Y S G F C S O O E E H S X
R I D T M U S D S X A Z G T F A W M V C
W I C W E U T Y G R K R D O G F E H S U
Y K D T A G B I H V E P R W V H I X K U
Z T Q K O V O P O D N C 1 W B A F J S T
S B Y L G R E T N N E G Z K X G J D P Q
W H K P R R Y U O J W Z F C E D W P C K
L Y L D O B O N C W S U Q Y Y K G F G C

AMERICA

CONSPIRACY

DEEP STATE

FAKE NEWS

LIZARDS

QANON

STRENGTH

TRUMP

VICTORY

AUDIT

CONSTITUTION

DEVOLUTION

FREEDOM

MEME

RED WAVE

SWAMP

TYRANNY

WINNING

BOOM

COVFEFE

EMPEROR

GLORY

PATRIOT

SPACE FORCE

TOGETHER

UNDER GOD

WWG1WGA

```
H G T N E R T S N X V E F E E T P S A N
G L O R Y B D E V I L R H F T P A P Q O
T T E E R R H G R D E I Q E A V T S A I
M Y J K A U O J I E S A E F T U R I L T
Y G R Z K T G X D B N H M V S W I C V U
B P I A N L B O O M H V O O P Q O J D T
F L M O N D M P L W R K U C E K T L Y I
X D N U Q N Z M C I W Z B X E A U D I T
D A D E R X Y A X N V D B U D X H Q O S
Q E P C N T P W P N A C I R E M A P P N
R Y V W C O N S P I R A C Y E D D A R O
R E R O R E P M E N I D X F D M C D E C
V E H O L O H Y S G F C S O O E E H S X
R I D T M U S D S X A Z G T F A W M V C
W I C W E U T Y G R K R D O G F E H S U
Y K D T A G B I H V E P R W V H I X K U
Z T Q K O V O P O D N C 1 W B A F J S T
S B Y L G R E T N N E G Z K X G J D P Q
W H K P R R Y U O J W Z F C E D W P C K
L Y L D O B O N C W S U Q Y Y K G F G C
```

AMERICA	AUDIT	BOOM
CONSPIRACY	CONSTITUTION	COVFEFE
DEEP STATE	DEVOLUTION	EMPEROR
FAKE NEWS	FREEDOM	GLORY
LIZARDS	MEME	PATRIOT
QANON	RED WAVE	SPACE FORCE
STRENGTH	SWAMP	TOGETHER
TRUMP	TYRANNY	UNDER GOD
VICTORY	WINNING	WWG1WGA

WWG1WGA
With Angels By My Side

THIS PAGE INTENIONALLY LEFT BLANK

TRUMP LOVES
OUR BRIGHT FUTURE

ALL
American
Rawlings

THIS PAGE INTENIONALLY LEFT BLANK

RED
WAVE
2024

THIS PAGE INTENIONALLY LEFT BLANK

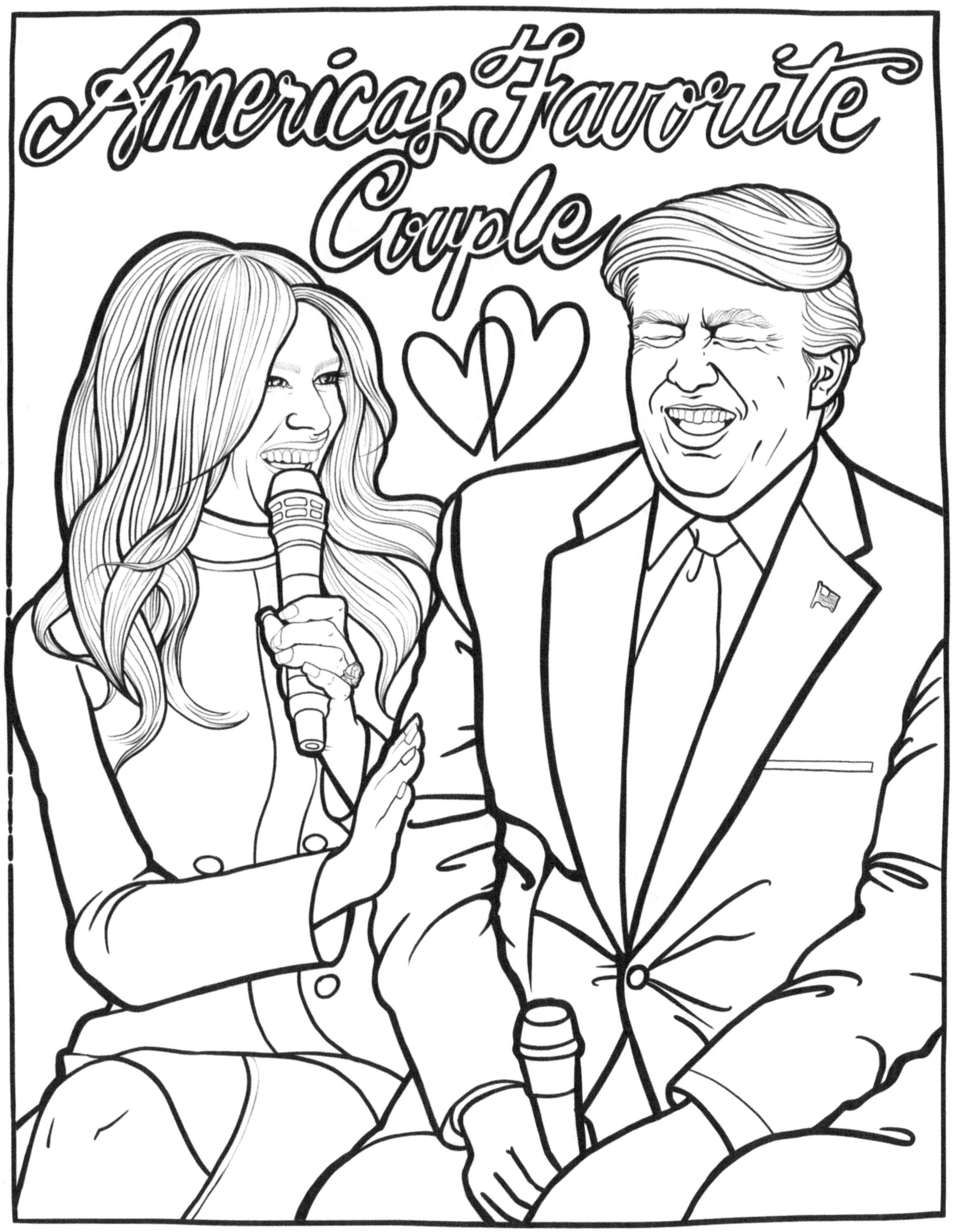

America's Favorite
Couple

THIS PAGE INTENIONALLY LEFT BLANK

THIS PAGE INTENIONALLY LEFT BLANK

WELL LOOK WHAT TIME IT IS...
TIME TO PISS OFF THE LIBERALS WITH A TWEET!!!

Oh, say can you ___,[1]

By the ______[2] early light,

What so proudly we ______[3],

At the twilight's last _______[4];

Whose ______[5] stripes and bright stars,

Through the ______[6] fight,

O'er the _______[7] we watched,

We're so _______[8] streaming?

And the rockets red ____[9];

The bombs ______[10] in air,

Gave _____[11] through the night,

That our ____[12] was still there.

O' say, does that Star-________[13]

Banner yet _____[14];

O'er the _____[15] of the free,

And the ______[16] of the brave?

THIS PAGE INTENIONALLY LEFT BLANK

THIS PAGE INTENIONALLY LEFT BLANK

KEEP ON TRUMPIN'

THIS PAGE INTENIONALLY LEFT BLANK

IN REALITY
THEY'RE NOT AFTER ME
THEY'RE AFTER YOU
I'M JUST IN THE WAY

THIS PAGE INTENIONALLY LEFT BLANK

My favorite people call me ...
Grandpa!

THIS PAGE INTENIONALLY LEFT BLANK

/PO L/
NOTHING IS BEYOND OUR REACH

THIS PAGE INTENIONALLY LEFT BLANK

You can lock up 5 evil-doer's in Gitmo and throw away the key. Color their paths and add their names.

DEREGULATE
AND INNOVATE
TRUMP
KEEP AMERICA GREAT

THIS PAGE INTENIONALLY LEFT BLANK

Help rescue the children...

THIS PAGE INTENIONALLY LEFT BLANK

Guess what I'm thinking?
FED UP WITH FAKE NEWS

•ANY BLUES/PURPLES   o YELLOWS/GOLD   ∴ LT. BLUE   •• SOFT LT. PINK

PICK TAN/FLESH COLOR ADJUST PRESSURE (I· LIGHT — NORMAL + MED # HEAVY)

IN GOD WE TRUST

THIS PAGE INTENIONALLY LEFT BLANK

MAKE AMERICA GREAT AGAIN

THIS PAGE INTENIONALLY LEFT BLANK

Trump
T
Rebel

RICK SACCONE
TRUMP 2020
Patience is bitter, but its fruit is sweet.
~ Aristotle

THIS PAGE INTENIONALLY LEFT BLANK

Never Forget
THE PEOPLES HOUSE
HOW CAN WE BE TERRORISTS
IN OUR OWN HOME?

THIS PAGE INTENIONALLY LEFT BLANK

NUMQUAM
CONCEDERE
TRUMP

THIS PAGE INTENIONALLY LEFT BLANK

The Oath

———————————————, 20 ——

I, ——————————————————, do solemnly swear (or affirm) that I will support and defend the Constitution of the United States against all enemies, foreign and domestic; that I will bear true faith and allegiance to the same; that I take this obligation freely, without any mental reservation or purpose of evasion; and that I will well and faithfully discharge the duties of the office on which I am about to enter: So help me God.

Sworn to on this ——————— day of ———————, A. D. 20 ——

———————————————————

COLOR TEST PAGE

COLOR TEST PAGE

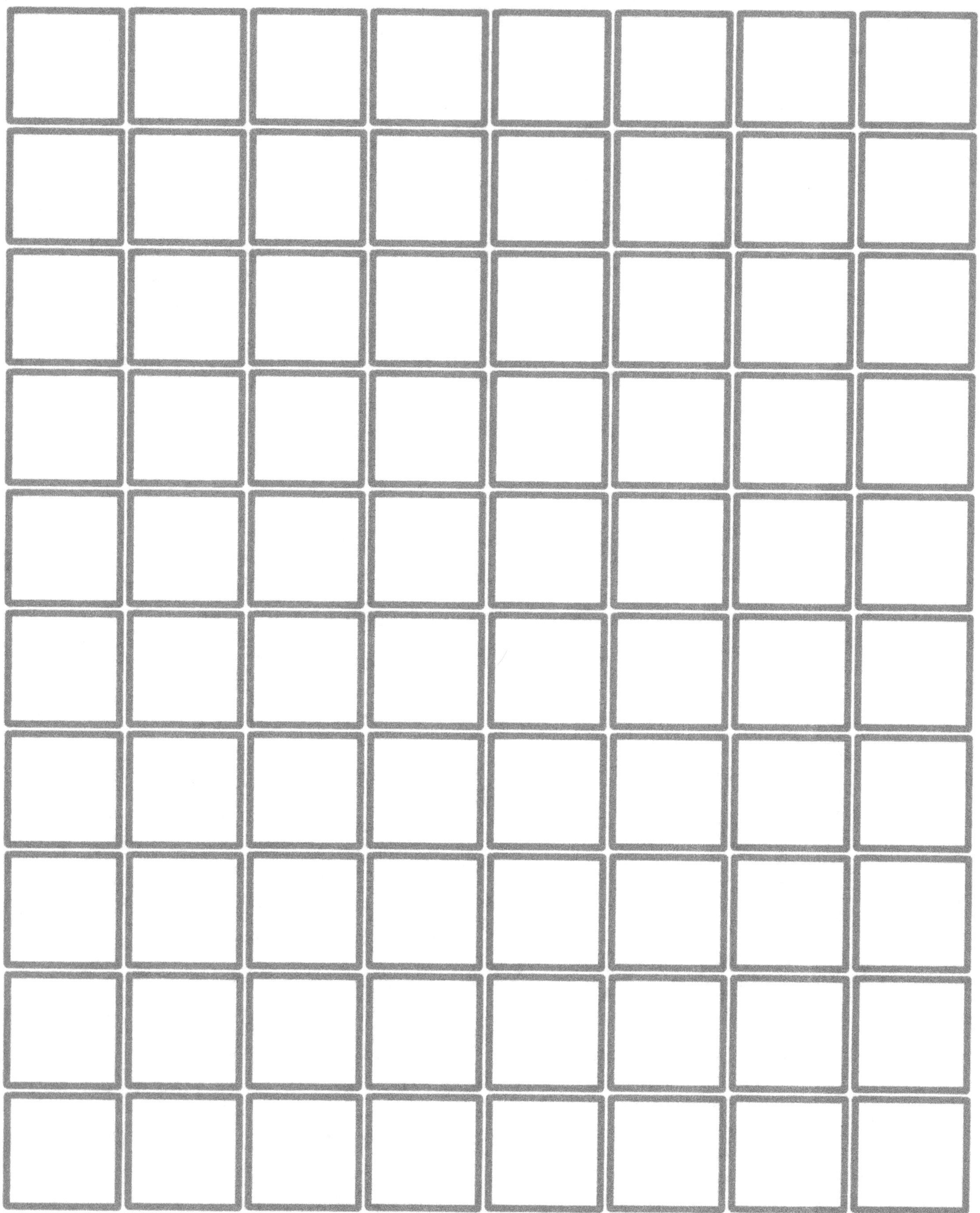